Santa Barbara Public Library System
Solvang Library
1745 Mission Dr.
Solvang, CA 93463
www.SBPLibrary.org

31447014367508

Superestrellas del Béisbol
JOSÉ REYES
A LA CUMBRE!

¡Es una superestrella del béisbol!

2012
Empieza a jugar para Los Marlins de Miami—¡y lo pagaran US$105 millones por seis años!

2011
Roba más bases y batea más triples que ningún otro jugador en la Liga Nacional.

2006
Juega por primera vez en las Mayores.

2003
Empieza a jugar en las Menores.

2000
Firma un contrato con Los Mets.

1999
Nace en Villa González en la República Dominicana.

1983

Mason Crest
370 Reed Road
Broomall, Pennsylvania 19008
www.masoncrest.com

Derechos de autor © 2013 por Mason Crest, una edición de National Highlights, Inc. Todos los derechos reservados. Se prohíbe toda publicación o transmisión de esta obra en cualquier forma o medio, ya sea mecánico, electrónico o digital, incluyendo fotocopia o grabación de cualquier tipo, o el almacenamiento de cualquier información y sistema de recuperación sin permiso escrito de la editorial.

Impreso y encuadernado en Estados Unidos de América

Primera Impresión
9 8 7 6 5 4 3 2 1

Library of Congress Cataloging-in-Publication Data

Rodríguez Gonzalez, Tania.
  [José Reyes. Spanish]
  José Reyes / by Tania Rodriguez.
      p. cm.
  Includes bibliographical references and index.
  ISBN 978-1-4222-2631-5 (hardcopy : alk. paper) – ISBN 978-1-4222-2617-9 (series hardcopy : alk. paper) – ISBN 978-1-4222-9122-1 (ebook : alk. paper)
  1. Reyes, José, 1983–Juvenile literature. 2. Baseball players–Dominican Republic–Biography–Juvenile literature. I. Title.
  GV865.R4245R6318 2012
  796.357092–dc23
  [B]
                            2012024314

Harding House Publishing Services, Inc.
www.hardinghousepages.com

RECONOCIMIENTOS GRÁFICOS:
Daniel Padavona | Dreamstime.com: p. 4
Jerry Coli | Dreamstime.com: p. 27
Mangin, Brad: p. 2, 13, 16, 18, 19, 20, 24
MLB: p. 21, 28
NYSEG Stadium: p. 14
Paul Hakimata | Dreamstime.com: p. 12
Scott Anderson | Dreamstime.com: p. 22
slgckgc: p. 1

JOSÉ REYES

Capítulo 1: Béisbol, la República Dominicana, y José Reyes 4

Capítulo 2: Comienzos en el Béisbol 12

Capítulo 3: Jugando para los Mets 16

Capítulo 4: Se Queda en Nueva York 20

Capítulo 5: José Reyes Hoy 24

Índice 32

Capítulo 1

Béisbol, la República Dominicana, y Jóse Reyes

Pocos beisbolistas han logrado las impresionantes cosas que José Reyes ha hecho. Pareciera que en las Grandes Ligas, Reyes lo ha logrado todo, habiendo participado en la Serie Mundial y el *Juego de las Estrellas*. También ha ganado premios y millones de dólares. Ha roto registros para establecer nuevos. ¡Incluso su nombre ha estado en la cubierta de un juego de video!

Superestrellas del Béisbol: José Reyes

Palmar Arriba, donde José empezó a jugar el béisbol.

Su travesía para llegar a las Grandes Ligas empezó cuando estaba muy joven y soñaba con ganarse la vida jugando béisbol. Actualmente es una de las grandes estrellas del béisbol que ha recorrido un largo camino desde sus comienzos en la República Dominicana. Pero el béisbol ha sido siempre un gran parte de su vida.

Los Orígenes del Béisbol

¿De dónde viene el béisbol? De hecho nadie está completamente seguro acerca de como fue exactamente inventado, pero se saben algunos. Tal como lo conocemos se jugó por primera vez en los Estados Unidos, pero tiene sus raíces en varios juegos que se practicaban en Europa. En Rusia, un juego llamado *lapta* involucraba equipos con lanzadores y bateadores. En Inglaterra, la gente jugaba *cricket* y rondas, y en ambos juegos habían bateadores, lanzadores, y equipos. Los alemanes jugaban al *town ball*, que es aun mas parecido al béisbol en el sentido que los jugadores marcan anotaciones corriendo alrededor de un diamante.

El town ball así como otros juegos hicieron su recorrido hacia Estados Unidos durante los 1700s y 1800s. A comienzos del siglo 19, parecía que ya había quienes practicaban un juego que

Esteroides

Los más comunes dentro de las drogas que realzan el rendimiento son los esteroides anabólicos. Estos químicos son similares a la testosterona que es la hormona masculina naturalmente producida por el organismo para ayudar y estimular el crecimiento de los músculos; esa es la razón por la cual cuando un deportista toma esteroides anabólicos recibe un impulso en su velocidad y fortaleza mayor que lo que el cuerpo puede producir por sí mismo. Las Grandes Ligas tanto como las otras organizaciones del deporte consideran que este consumo es hacer trampa.

Los esteroides pueden causar un alza poco saludable en los niveles de colesterol y presión sanguínea, lo que estresa al corazón, posibilitando enfermedades coronarias. En grandes dosis, pueden también causar falla hepática y tiene un efecto negativo en los niveles de azúcar en la sangre, causando problemas similares a los de la diabetes.

Si un adolescente (típicamente alguien menor de 17 años) consume esteroides anabólicos, los riesgos son frecuentemente mucho peores, pues éstos interrumpen e inhiben el crecimiento de los huesos con resultantes crecimientos atrofiados. Adicionalmente, los riesgos para el hígado y corazón son mayores, debido a que estos órganos en un adolescente no están completamente maduros y son más susceptibles al daño que los esteroides pueden producir. De hecho su consumo expone a problemas sicológicos que generalmente comienzan con agresividad pero con mucha frecuencia conlleva a situaciones aún más delicadas. Considerando estos riesgos para la salud, y el hecho de que los esteroides son casi universalmente prohibidos por las organizaciones deportivas, no deberían ser usados excepto por aquellos que tienen condiciones médicas legítimas que requieran su consumo.

parecía al béisbol que jugamos hoy. El primer equipo del que se tenga noticia—los Knickerbockers de Nueva York—fue formado por un hombre llamado Alexander Cartwright. Cartwright eventualmente escribiría algunas de las reglas del béisbol, las cuales son muy familiares hoy: tres strikes para cada bateador, tres outs en una entrada, y árbitros.

En 1869, el juego se *profesionalizó*. Antes la gente se reunía para jugar y divertirse pero a medida que el tiempo pasó los jugadores se volvieron más serios y algunos de ellos querían que les pagaran. Poco a poco, los equipos

Superestrellas del Béisbol: José Reyes

¿Quién Fue los Hermanos Alou?

FELIPE ALOU
En 1966, Felipe Alou fue nombrado primera base en el equipo de Las Estrellas de Sporting News (Noticias del Deporte), lideró la Liga Nacional en todas las bases y bateos a la vez que anotó 31 jonrones. Felipe era conocido por representar a los hispanos en el mundo del béisbol. Luego en 1979, se convirtió en el entrenador de Los Expos y en 1992 fue nombrado manager. Dos años después en 1994 fue nombrado Manager del Año de la Liga Nacional y el año siguiente lideró a la liga al Juego de las Estrellas—¡y se llevó el trofeo a casa!

MATTY ALOU
El hermano de Felipe, Matty probó que la habilidad beisbolistica es una cuestión de familia. Ganó el título de bateo en 1966 con .342, anotó .338, .332 y .331 entre 1967 y 1969; incluso marcó un record en las Grandes Ligas de 698 bateos oficiales y se retiró con un bateo promedio de .307.

JESÚS ALOU
Hermano de Felipe y Matty, él también fue poseedor de la herencia beisbolista familiar. El 10 de septiembre de 1963, Jesús, Matty y Felipe Alou batearon juntos contra Los Mets en la misma entrada, ¡siendo la única vez que tres hermanos juegan a la vez en el mismo partido en las Ligas Mayores! Entre 1963 y 1979, Jesús logró 82 bateos; su día más grande fue el 10 de julio del 64, cuando hizo un seis a seis con cinco juegos individuales y un jonrón. En el 79, Los Astros lo nombraron jugador-entrenador, y luego se hizo caza talentos para el sistema de Montreal en Quisqueya.

empezaron a remunerar a sus jugadores y así se conformaron las ligas. Muy pronto las dos mayores eran la Nacional y la Americana, tal como se conocen hoy.

En los años 1920s, Babe Ruth se convirtió en la mayor estrella del béisbol y esto ayudó a hacer más popular el deporte. Los fanáticos iban a partidos en ciudades a lo largo y ancho de los Estados Unidos y a través de la radio, podían escucharlos. En 1947, Jackie Robinson se convirtió en el primer afroamericano en las ligas modernas.

Luego los equipos empezaron a cambiar y se fueron juntando y fusionando. Las reglas cambiaron y ahora se trans-

Béisbol, la República Dominicana, y José Reyes

Jesús, Matty, y Felipe Alou en 1963.

mitía por televisión, lo que ayudó a que los jugadores ganaran más y más dinero y llegaran a ser superestrellas. Los esteroides se convirtieron en un problema en la medida que algunos los consumían ilegalmente para ser mejores y mas fuertes.

Pero el béisbol estaba viajando por el mundo. ¡Y todo el mundo lo adoraba!

Béisbol en la República Dominicana

Un lugar en el que el béisbol fue a parar fue—¡por supuesto!—la República Dominicana, aunque los orígenes del juego de pelota en la isla son confusos. La mayoría piensa que los norteamericanos llevaron el deporte a Cuba . . . y que estos, a su vez, lo trajeron a la República Dominicana cuando dejaron su país durante la guerra a finales de 1800s. Los equipos como tal se formaron alrededor de 1895, siendo los primeros los Tigres de Licey y Las Estrellas Orientales.

La popularidad del béisbol seguía creciendo mientras que la liga actual se fundó en 1951. Al poco tiempo, los jugadores de la isla estarían en la mira

¿Quién Fue Juan Marichal?

Tal vez el beisbolista dominicano más famoso de las Grandes Ligas es Juan Marichal. Ganó mas de 20 partidos en seis de siete temporadas consecutivas para San Francisco; logró igualmente un record de picheo en el octavo Juego de las Estrellas, dos de los cuales ganó en 1962 y 1964. Durante los años 60, Juan dominó las Ligas Nacionales: en el 63 lanzó un no-hitter, y luego de dos semanas, él y Warren Spahn batearon 16 etapas en uno de los encuentros de picheo más grande de todos los tiempos; Marichal ganó 1–0 en un jonrón de Willy Mays. En 1983 llenó de orgullo a los dominicanos al convertirse en el primero en llegar al Salón de la Fama de Beisbolistas en Cooperstown, Nueva York.

Juan Marichal

Béisbol, la República Dominicana, y José Reyes

de los buscadores de talentos de los Estados Unidos. Beisbolistas como Ozzie Virgil fueron contratados por equipos de las **Ligas Mayores**, seguidos por otros como los hermanos Alou y Juan Marichal.

A la fecha, mucha gente juega pelota caliente en Quisqueya, habiendo iniciado en los campos de béisbol locales. Mientras tanto, el público va a los estadios a avivar a sus jugadores. Los integrantes de la ligas de béisbol profesionales saben que la isla puede producir estrellas en este deporte; muchos jugadores de las ligas norteamericanas son extranjeros—y muchos de ellos son de la Republica Dominicana. Para el año 2011, un total de 420 dominicanos habían pasado por las Grandes Ligas.

José Reyes es uno de esos que soñó ser una estrella del juego—y lo logró con la fortaleza de su país y su gran tradición beisbolera.

Los Inicios de José

Nacido el 11 de junio de 1983 en Villa González en la Republica Dominicana, José Reyes creció en un pequeño pueblo en las afueras de Santiago llamado Palmar Arriba. Vivía allá con su padre Manuel, su madre Rosa, y su hermana Meosote.

La familia de José no tenía mucho dinero cuando estaba creciendo. De hecho, la familia tenía que utilizar una bodega enseguida de su casa pues la familia no tenia baño. Cuando empezó su amor por el béisbol, José no tenía un guante con el cual jugar. Fue así como aprendió a atrapar la bola sin guantes.

De adolescente se convertía cada vez en un mejor beisbolista. Se empeñaba mucho en aprender lo que pudiera de los demás jugadores. Por esta época jugó para la Liga Juvenil en Palmar Arriba.

En el verano de 1999 se fue a Santiago al equipo que Los Mets patrocinaban ahí para ser observado por los reclutadores—y obviamente notaron la calidad del quisqueyano. Los **cazatalentos** de Los Mets—Eddy Toledo y Juan Mercado—notaban que Reyes podría ser un jugador especial y hablaron con los reclutadores internacionales del equipo para evaluar si podían contratarlo para las **Ligas Menores**, lo que fue aprobado por Los Mets. José entregaba la mitad del sueldo a sus padres para que pudieran terminar de construir su casa y hacer las instalaciones de plomería.

Antes de llegar a las Mayores, debería por su cuenta demostrar su capacidad en las Ligas Menores . . . y así hacer realidad su sueño.

Capítulo 2

Comienzos en el Béisbol

La mayoría de beisbolistas que son contratados por Los Mets van a los campos de entrenamiento en la República Dominicana para adquirir práctica. Cuando firmaron *contrato* con José Reyes, él mismo sabía que tenía un potencial que lo podía llevar lejos y mejorar su juego. Quería hacer cosas positivas en las Menores mientras llegaba su momento.

Comienzos en el Béisbol

A las Ligas Menores

En la temporada del 2000, Valverde jugó para los Kingsport Mets, participando en 49 juegos con 22 carreras y 8 *carreras impulsadas*, lo cual no estaba nada mal para alguien tan joven. Se desempeñó ahí como campo corto en 40 juegos, con un porcentaje de campo de .942 y con 20 doble juegos que ayudaron mucho a su equipo. En algunos partidos, estuvo también en las posiciones de segunda y tercera base.

Ya estaba demostrando que podía hacerlo con calidad en las Ligas Menores, así que lo retuvieron para el año siguiente. En esta ocasión, lo enviaron al equipo Capital City Bombers, en donde se desempeñó muy bien, de hecho mejor aún que el año anterior . . . así que una vez terminada la temporada, fue nombrado el Jugador del Año de las Ligas Menores en Los Mets.

Ya los ojos de todos estaban puestos sobre él. Para el 2002, estuvo en dos equipos, inicialmente con Saint Lucie

José demonstró que podía jugar bien.

Superestrellas del Béisbol: José Reyes

Mets en la Liga Estatal de Florida, y unos pocos meses después, fue enviado a los Binghamton en la Serie-AA de la región de Nueva York. Esto significaba que estaba a un paso de las Ligas Mayores.

Con el equipo de Binghamton, participó en 65 juegos, con un **promedio de bateo** de .287, con 46 carreras y 27 bases robadas. Como campo corto, su promedio de campo fue de .940. Ganó de

El estadio de Binghamton, N.Y., donde jugaba Reyes en 2002.

Comienzos en el Béisbol

Las Ligas Menores

No todos los jugadores de béisbol salen directo de la escuela a las Ligas Mayores, siendo recomendable que obtengan algo de práctica en las Menores primero. Las Menores operan en muchos países, como Puerto Rico, los Estados Unidos, Canadá, México, y la República Dominicana.

Los equipos de las Ligas Menores se relacionan con los de las Ligas Mayores, los cuales estudian a los jugadores de las Ligas Menores y deciden quien jugará en su equipo. A veces los equipos de las Menores son llamados "de granja," donde "crían" al jugador para el equipo con el cual están afiliados. Algunas de las relaciones duran mucho tiempo y otras por solo un par de años.

nuevo el reconocimiento como el mejor jugador de las Ligas Menores de Los Mets en el 2002.

Jugando en las Mayores

La mayoría pensaba que el dominicano empezaría la temporada del 2003 jugando con Los Mets. Ya había ganado el reconocimiento al Jugador del Año dos veces y tenía impresionantes cifras que respaldaban su calidad . . . pero Los Mets contrataron al shortstop Rey Sánchez al terminar la temporada 2002. Reyes debería cambiar al inicio del 2003.

En el 2003, el dominicano fue transferido a un nuevo equipo en las Ligas Menores, Los Tides de Norfolk. Pero en junio, Rey Sánchez se lesionó y no pudo jugar por el resto de la temporada . . . ¡y Los Mets llamaron a Reyes para reemplazarlo en las Ligas Mayores!

Con ellos jugaría su primer partido de las Mayores un día antes de cumplir sus 20 años. En 69 partidos, anotó 47 carreras e impulsó 32, con un porcentaje de bateo de .307, más 13 bases robadas y su contribución en 42 doble-plays.

José había llegado finalmente a las Mayores, lo cual había sido por años su sueño. Su recorrido en las Menores había sido muy meritorio, con buen desempeño en cada temporada y superando siempre la anterior. Ahora estaba en las Mayores . . . ¡y solo tenía 20 años de edad!

Capítulo 3

Jugando para Los Mets

Antes del inicio de la temporada 2004, Los Mets contrataron otro shortstop—Kazuo Matsui, quien solamente jugaba en esa posición, así que Reyes tendría que cambiar de puesto en el campo. El equipo le asignó a la segunda base.

Jugando para los Mets

A comienzos de temporada, el dominicano sufrió una lesión, la cual era su primera en el béisbol profesional. Solo pudo regresar al campo a final de junio, y como resultado de esto, su promedio de bateo decayó. Ya al final de la temporada, regresó a la posición de shortstop, y Matsui iría a la segunda base. Esta temporada no había sido la mejor para José—pero al menos, estaba de regreso a su posición favorita.

En el 2005, finalmente tuvo la oportunidad de jugar la temporada completa con Los Mets. Todos coincidieron en que fue un excelente año para el dominicano, así que el equipo se quedó con él en las Ligas Mayores para la siguiente temporada.

Un Gran Año

A comienzos del 2006, Reyes jugó para la República Dominicana en la Clásica del Béisbol Mundial. Ya era conocido en muchos países por su talento. En la primera ronda, Quisqueya fue primero — y repitió el primer puesto en la segunda ronda. En la tercera, sin embargo, Cuba los derrotó. José anotó una carrera y robó dos bases durante la serie.

Ese año en las Ligas Mayores nuestro protagonista empezó muy fuerte, ganando el premio de Jugador de la Semana durante dos semanas seguidas. También fue seleccionado para el Juego de las Estrellas. El jugador se estaba volviendo más popular—y más fanáticos de Nueva York y sus alrededores querían verlo.

En agosto, Los Mets **firmaron** con Reyes por cuatro años más. No querían dejarlo ir y pensaban que él podía ayudarlos a llegar a la Serie Mundial. Ahora su contrato se extendía hasta la temporada del 2010, con opción de alargarlo por un año más.

En esta temporada, el dominicano logró 122 carreras y 81 carreras impulsadas, bateando 19 jonrones, con un promedio de bateo de .300. Ya en la defensiva, y como campo corto, ayudó a convertir 72 doble-plays; su porcentaje de campo fue de .971. Al final de la temporada regular, le fue otorgado el premio Bate de Plata por su gran desempeño.

El beisbolista contribuyó a que Los Mets consiguieran muchos logros en el 2006. El equipo terminó primero en la Liga Nacional del Este y entraron a la post-temporada...y José fue con ellos por primera vez. Se enfrentaron a Los Dodgers, a quienes derrotaron para enfrentarse a Los Cardenales de San Luis en una serie que se fue a siete encuentros. En el último de ellos perdieron Los Mets. La primera post-temporada había

Superestrellas del Béisbol: José Reyes

Jose Reyes como shortstop.

Jugando para los Mets

Reyes rompió el registro de bases robadas en la historia de su equipo.

acabado para ellos, pero había sido muy emocionante.

Fue un año enorme para el dominicano. Ningún jugador en la Liga Nacional había robado más bases que él, ni había bateado tantos triples. Lo cierto es que solo había estado en las Ligas Mayores durante dos temporadas completas—¡pero sus cifras eran de las mejores! Era un jugador para observar muy de cerca.

Capítulo 4

Se Queda en Nueva York

No todos sabían que José Reyes podría ser una gran estrella. Ya había conocido el campo de juego, pero la presión estaba presente para fortalecerlo, jugando bien y hacer de él un deportista exitoso.

José Reyes fuerza fuera Barry Bonds en segunda base durante un juego contra los Gigantes de San Francisco.

Se Queda en Nueva York

Más Temporadas con Los Mets

El beisbolista apenas comenzaba con Los Mets que parecía un buen equipo para él—y de hecho tuvo una gran temporada. El 2001 fue tan bueno como la temporada anterior; de nuevo, ningún otro jugador de la Liga Nacional robó mas bases en tres años consecutivos.

En diciembre de 2007, los aficionados estaban muy felices de saber que el dominicano estaría en la carátula de un famoso juego de video llamado Ligas Mayores de Béisbol 2K8I. El orgullo era grande porque fue escogido en medio de muchas estrellas.

Hubo más logros en los años por venir. En septiembre de 2008, Reyes rompió el registro de bases robadas en la historia del equipo. Ningún otro beisbolista del equipo lo superaba. En conclusión, todo lo que hacía, lo hacía bien.

Superestrellas del Béisbol: José Reyes

Reyes ha tenido muchos lesiones.

Un Año Duro

Desde su debut en el béisbol profesional, Reyes ha estado en medio del fuego. Finalmente, en el 2009, bateo un nudo. En mayo, se lesionó la pierna. Obviamente, nadie quiere tener una seria lesión, mas aún estando en el tope de su juego. Una lesión se puede hacer caer y hace que no pueda usar sus talentos. No es posible mantener el nivel de juego en el que está por la falta de práctica. Eso es exactamente lo que pasó con Reyes.

Al principio, José no podía jugar pero trabajaba duro para mejorar en su recuperación, pensando en que estaría listo para jugar en junio. Fue entonces cuando se lesionó de nuevo su pierna. Los médicos lo revisaron y encontraron que tenía dos diferentes lesiones. Entonces, en agosto, se lesionaría una vez más en su trabajo de recuperación. Por lo no sería mucho lo que podría jugar debido a todas estas lesiones consecutivas.

Pero después de un año tan duro, estaba listo para regresar en el 2010. Su pierna había sanado y estaba fuerte para empezar a jugar otra vez. Pero todo eso no importo al principio. Antes que empezara la temporada, los médicos encontraron que el dominicano estaba enfermo, por lo que perdería el inicio de la temporada.

Cuando por fin regresó a los estadios, sin embargo, tuvo un muy buen juego, tal como era antes de la lesión. Había aprovechado el tiempo de recuperación.

Reyes era una vez mas invitado a hacer parte del Juego de las Estrellas, pero tristemente, no pudo participar, ya que se había lastimado poco antes del encuentro. De todos modos, asistió al juego en calidad de espectador con su familia.

Los últimos dos años habían sido especialmente duros para José. Sabía que podría ser un gran jugador si solamente pudiera estar sano de nuevo. Afortunadamente, tendría una nueva oportunidad.

Capítulo 5

José Reyes Hoy

En el 2011, Reyes tuvo otro gran año. Esta temporada sería la última de su contrato con Los Mets—y los fanáticos se preguntaban si sería su último año en Nueva York . . . o si se quedaría con Los Mets por más tiempo. De cualquier manera, la gente hablaba de él, aunque no siempre buenas cosas. Pero José nunca permitió que eso le impidiera tener una buena temporada.

Otro Año Exitoso

Reyes fue escogido para estar en el Juego de las Estrellas de nuevo en el 2011, pero se lastimó su pierna y no pudo jugar. Esta lesión no impidió que se desempeñara muy bien por el resto de la temporada.

Uno de sus logros ese año fue su alto porcentaje de bateo de .337, el cual ningún otro jugador de la Liga Nacional había alcanzado. Por ello fue el Campeón de Bateo de la Liga Nacional de 2011. De hecho, éste fue el año con mejor cifra de bateo en la carrera del dominicano.

Una vez terminó la temporada, también se acabaría su contrato con Los Mets—y esto lo convirtió en agente libre. En diciembre, anuncio al público que estaría saliendo de Nueva York, ya que necesitaba un cambio y

Como muchos beisbolistas dominicanos, Reyes ayuda a los niños en su país.

quería llegar a la Serie Mundial . . . así que anunció su vinculación a Los Marlins de Miami, con un contrato por seis años de US$105 millones.

Reyes dejaba el equipo que lo trajo al béisbol, el único con que había jugado en las Ligas Mayores. Realmente, era el momento de salir. Estaba ahora ansioso por jugar con el equipo de la Florida.

"Es una situación perfecta en Miami," declaró Reyes. "Tenemos el talento, un nuevo estadio y la Ciudad de Miami."

Los fanáticos de Los Marlins estaban ansiosos de ver a Reyes con su nuevo uniforme.

¿Qué Sigue?

El béisbol no es el único tema de importancia en la vida de José Reyes. También lo es su familia. José vive con su esposa Katherine y sus tres hijas. "No hay nada mejor que ser padre," comentó.

También recordaba sus raíces y el hecho que fue de sus padres que aprendió a permanecer unido a la familia, y eso lo conserva hasta hoy. Siempre recuerda y menciona cuanto recibió de la familia cuando estaba joven. Ahora les ha dado a sus padres una multimillonaria casa en el sector de Long Island. ¡Cuando les anunció que era su casa, quedaron impactados!

Reyes ha dicho que recibió la sonrisa de su padre y eso lo mantiene cercano a su país. De hecho, ha jugado dos veces representando a la República Dominicana en la Serie del Béisbol Clásica. Puede que sea una gran estrella—pero no ha olvidado de donde viene.

Reyes también ama la música. Ha grabado algunas canciones de reggaeton, e incluso tiene su propia compañía discográfica que vende su música. Reyes llama a su compañía El7. Reyes ama el béisbol, pero también le gusta hacer música en el lado.

En 2011, apareció en una canción de hip-hop, llamada "No Hay Amigo." La canción es acerca de la infancia de Reyes y las luchas que se enfrentó a pasar de la pobreza y convertirse en un jugador de béisbol. Al respecto dijo, "Yo creo que todo lo que viví cuando era un niño hasta que llegue a la cima valió la pena, desde el comienzo . . . trabajar duro sin importar lo que los demás dijeran."

Además de la familia, también tiene un espacio y un tiempo para el trabajo caritativo. Por ejemplo, ha renovado el estadio de su pueblo, el

José Reyes Hoy

El 2011 fue su último con los Mets.

Superestrellas del Béisbol: José Reyes

José dio sus rastas a obras de caridad.

Programa de Carreras Impulsadas

Las Grandes Ligas de los Estados Unidos están comprometidas con el trabajo benéfico, teniendo varios programas que se encargan de regresar un poco de lo recibido, incluyendo el de revivir el béisbol en las ciudades del interior. El programa RBI comenzó en 1989, y actualmente se encuentran en 200 ciudades. Ayuda a 200,000 personas por año, renovando campos y parques con equipos de niños de todas las edades que esperan la oportunidad de jugar en equipos de béisbol o softbol. Igualmente, hacen trabajo social para ayudar con la escolaridad a los adolescentes para que terminen la secundaria y sigan anhelando ingresar a la universidad. Aun hay una Serie Mundial RBI.

mismo en el que jugaba de niño. Para hacerlo, inició una campaña para revivir el béisbol en las ciudades del interior, acompañando también un programa de las Ligas Mayores que ayuda a niños que de otra manera no podrían llegar a jugar.

Poco antes de que empezara a jugar con Los Marlins, se hizo cortar su cabello a modo de ayuda benéfica, debido a que Los Marlins no aceptaban en sus filas a jugadores con cabello largo. Sabiendo que era conocido por sus largos rastas, no se quejó al respecto, sino que decidió que su cabellera fuera subastada en eBay. Entregó lo recaudado—mas que US$10,000—a la fundación "Pide un Deseo" que hace que la vida sea mejor para niños con enfermedades de largo plazo.

Puede ser que Reyes haya hecho grandes cosas en el béisbol . . . pero aun tiene metas por alcanzar. Aun no ha ganado la Serie Mundial, ni siquiera ha llegado a disputarla. Todavía tiene muchos jonrones por batear, bases por robar, carreras por convertir, y partidos por ganar. No importando lo que venga después para él, una cosa es segura—¡trabajara tan duro como pueda para ser el mejor jugador posible!

Descubra Más

Por Internet

Historia del Béisbol Dominicano
www.misterdeportes.com/no11/art05.htm

Kidzworldespañol
www.kidzworldespanol.com/articulo/2293-grandes-momentos-beisbol

LIDOM
www.lidom.com.do

MLB
mlb.mlb.com/es/index.jsp?c_id=mlb

En los Libros

Cruz, Hector H. *Béisbol Dominicano: Orígenes, Evolución, y Héroes.* Santo Domingo, D.R.: Alfa y Omega, 2006.

Kurlansky, Mark. *Las Estrellas Orientales: Como el Béisbol Cambio el Pueblo Dominicano de San Pedro de Macorís.* New York: Riverhead Books, 2010.

Wendel, Tim. *Lejos de Casa: Jugadores de Béisbol lations en los Estados Unidos.* Washington, D.C.: National Geographic, 2008.

Glosario

agente libre: Un jugador que al momento no tiene contrato con equipo alguno.

carreras impulsadas (RBI): Número de puntos que obtiene un bateador por lograr una anotación para su equipo.

cazatalentos: Personas a cargo de encontrar los mejores jugadores jóvenes para adherirse a los equipos para los cuales trabajan.

contrato: Un compromiso por escrito entre el jugador y el equipo en el que se registra la ganancia que devengará el beisbolista y la cuantía de tiempo.

cultura: La identidad de un grupo de gente que incluye gustos, creencias, idioma, comida, y arte.

defensa: Jugar evitando que el otro equipo anote, incluyendo las posiciones de jardín externo e interno, pitcher, y catcher.

división: Un grupo de equipos que compiten por el campeonato; en las Ligas Mayores, las Divisiones están determinadas por su ubicación geográfica.

firmar: Estar de acuerdo con lo contratado por algún equipo en particular.

gerente general: La persona a cargo de la dirección administrativa del equipo de béisbol, y quien es responsable de guiarlo.

herencia: Algo que se pasa desde las generaciones anteriores.

Juego de las Estrellas: El torneo jugado en julio entre los mejores jugadores de cada una de las dos ligas dentro de Grandes Ligas.

Ligas Mayores de Béisbol (MLB): El más alto nivel de béisbol profesional en los Estados Unidos y Canadá.

Ligas Menores: El nivel de béisbol Professional inmediatamente anterior a las Ligas Mayores.

lista de lesionados: Lista de jugadores que se han lesionado y no pueden jugar por algún período de tiempo no determinado.

negociar: Hacer un acuerdo con otro equipo para intercambiar jugadores.

novato: Jugador en su primer año dentro de las Ligas Mayores.

ofensiva: Jugar para anotar carreras estando al bate.

playoffs: Series de partidos que se juegan al final de la temporada regular para determiner quien ganará el campeonato.

profesional: Nivel de béisbol en que el jugador recibe remuneración.

promedio de bateo: Una estadística que mide la calidad del bateador, calculada al dividir el número de bateos logrados por las veces que toma el bate.

Índice

Alou (hermanos) 8, 9, 11
Americana (Liga) 8, 11

Bate de Plata 17
Binghamton 14

Campeón de Bateo 25
Cardenales (San Luis) 17
Cartwright, Alexander 7
Clásica del Béisbol Mundial 17
Cuba 9, 17

Dodgers (Los Ángeles) 17

esposa 26
esteroides 7, 9

familia 7, 8, 11, 23, 26

Grandes Ligas (Ligas Mayores) 4, 6, 7, 8, 10, 29

hijas 26

Juego de las Estrellas 4, 8, 10, 17, 23, 25
Jugador del Año 13, 15
Jugador de la Semana 17

lesiones 23
Ligas Mayores de Béisbol 2K8I 21

Marichal, Juan 10, 11
Marlins (Miami) 26, 29
Mays, Willy 10
Menores (Ligas) 11–13, 15
Mercado, Juan 11
música 26

Nacional (Liga) 8, 10, 11, 17, 19, 21
Norfolk 15

padres 11, 26
Palmar Arriba 11

rizos 29
Ruth, Babe 8

Sánchez, Rey 15
Santiago 11
Serie Mundial 4, 17, 26, 29

Toledo, Eddy 11

Villa González 11
Virgil, Ozzie 11